Regarde, je lis !

Une histoire à lire tout seul
Niveau 1

Mila et le petit cheval

Éric Battut
Professeur des écoles

Illustré par
Nathalie Desforges

Nathan

Un cheval galope
sur la piste du haras.

Il a de l'allure et
sa cavalière aussi !

La cavalière
va à l'écurie.
Mila la suit.

Le cheval est un
colosse !
Mila lit. Il se nomme
A-ra-mis.

ARAMIS

À côté, un petit
cheval piétine :
« tacata tacata ! »

ARAMIS
PETIPETI

Mila lit :

– Pe-ti-pe-ti !

C'est idéal,

il est si petit...

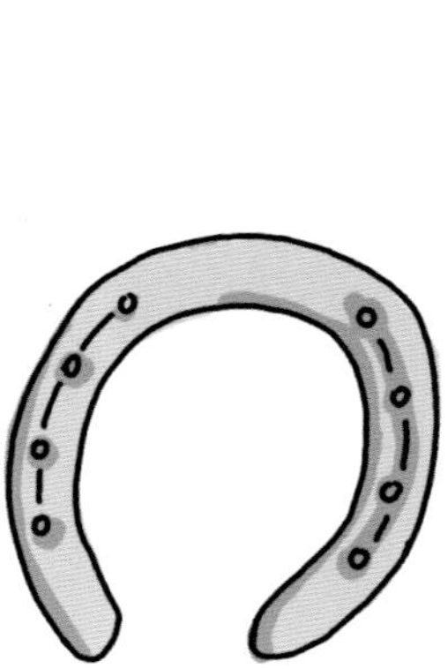

PETIPETI

La cavalière cajole Aramis, pas Petipeti.

ARAMIS
PETIPETI

La cavalière
balade Aramis,
pas Petipeti.

Alors Petipeti
se fâche !
Il sort de l'écurie et
file à toute allure.

– Hiiii ! Je ne suis pas petit !
Hiiii ! Je galope comme Aramis !

Petipeti regarde
si la cavalière
le regarde.

Alors il ne repère
pas la barrière !
Mila hurle, affolée.

Hop ! Le cheval
vole par-dessus
la barrière.

La cavalière

est étonnée

et se dit :

– Petipeti n'est pas

si petit !

Alors, à partir
de samedi,
Mila va devenir
la cavalière...
d'Artémus !

ARTÉMUS
PETIPET

Qu'as-tu retenu de l'histoire ?

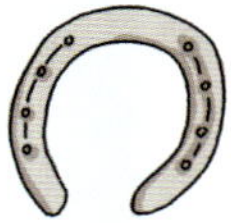

Pourquoi le nom Petipeti est-il idéal ?

Car c'est le nom d'un tout petit cheval.

À ton avis, quel cheval préfère la cavalière ?

Elle préfère Aramis, elle le cajole et se balade avec lui.

Pourquoi Petipeti se fâche-t-il ?

Il est un peu jaloux et veut montrer ce qu'il sait faire.

Pourquoi Mila hurle-t-elle ?

Car elle pense que le petit cheval va foncer dans la barrière.

Pourquoi le petit cheval change-t-il de nom ?

Car il a montré qu'il était lui aussi un cheval doué et courageux.

Mila fera-t-elle bientôt du cheval ?

Oui, elle va devenir la cavalière d'Artémus.

Création maquette et mise en pages : Céline Julien
 – ISBN : 978-2-09-193378-8
N°d'éditeur: 10256246 - Décembre 2019 - Imprimé en France par Pollina - 91485